바람이 시를 넘길 때

바람이 시를 넘길 때

2025년 9월 27일 초판 1쇄 인쇄 발행

지은이	홍인숙
펴낸이	박종래
펴낸곳	도서출판 명성서림

등록번호	301-2014-013
주소	04625 서울시 중구 필동로 6 (2, 3층)
대표전화	02)2277-2800
팩스	02)2277-8945
이메일	msprint8944@naver.com

값 10,000원
ISBN 979-11-7439-039-4

본 책의 구성 및 맞춤법, 띄어쓰기는 작가의 의도에 따랐습니다.
이 책의 저작권은 저자와 도서출판 명성서림에 있습니다. 무단 전재 및 복제를 금합니다.
이 책 내용의 일부 또는 전부를 재사용하려면 반드시 저자와 도서출판 명성서림의 동의를 얻어야 합니다.
파본은 구입처에서 바꾸어 드립니다.

바람이

시를

넘길 때

홍인숙

창작 제4시집

도서 명성서림

작가의 말

'바람이 시를 넘길 때'를 쓰며

　에밀리 디킨슨은 소망을 "영혼에 자리 잡고 말없이 도래하는 깃털 달린 존재"로 묘사 했습니다.
　시를 쓰는 작가의 마음은 항상 혼자가 아닌 다수의 바람을 얘기하고 같이 동조 하려고 합니다.
　하나는 외롭고 둘은 정다운 우리네 사이의 情(정)을 대화로 풀며, 즐기며 읽을 수 있는 참으로 실천하는 시인의 마음이라 생각 합니다.
　인간과의 관계도 오해가 쌓이면 대화로 풀어보려고 너와 나의 관계도, 따사로운 위아래의 관계를 좁혀보는 인간사로 나뉘며 현실의 타계를 위하여 부단히 노력하는 사이에 정이 들고 온기가 싹트며 한그루의 나무가 성장하기를 기대해 보지요
　자신의 마음을 굳건히 가지며 의지의 선물로 시 한편을 쓰려는 시인의 마음은 고통이 따르지요
　무얼 어떻게 써 내리어 가야 하나?

허위가 아닌 참 나의 마음을 읊어야 하는데, 허영이 앞선다면 진실이 뒤 곁이 되어 서글퍼집니다.
　참으로 서로를 의식하고 걱정하여, 한편의 시가 탄생 될 때 시인의 마음은 희열로 가득 차지요
　애 어른 할 것 없이 웃으며 한편의 '바람이 시를 넘길 때' 모두의 마음이 어둠에서 환하게 자리를 잡는다면 더 할 나위가 없는 시인의 마음입니다.
　한줄 시를 쓰고 넘길 때, 뇌 속에 갈등이 소용돌이 쳐 바다로 나가 파도의 높낮이에 기대어, 살아가는 군상들의 모습이 용솟음쳐 솟을 때 하나의 작품이 번쩍 떠져, 다시 잠잠히 써 내려가 한권의 시를 완성하면 어두웠던 내면의 세계가 바람과 같이 사라져 향기 띤 굴레의 모습으로 일어나지요

2025년 9월 6일

홍인숙 드림

차례

제1부 — 강물은 쉬임 없이 흐릅니다

비에 젖은 손 12	수상한 자와 낙마한 자의 차이 25
한 수 위란 시를 읽고 13	전국 명산 만장봉을 읽고 26
시낭송은 아지랑이다 14	말은 마음의 대변자 27
권총 안마기는 건강의 심볼 15	알알이 영근 앵두나무 28
성냥갑 속에 사는 나그네들 16	촛불을 붙입니다 29
밤을 사르르 세우고 18	강물은 쉬임 없이 흐릅니다 30
아몬드나무 꽃 19	흔적을 남기고 떠나네 31
우반동 언덕배기에 올라 20	꼬옥 갚으리라고 32
마린보이의 의지 21	5단 서랍장 34
결명자차 한잔 하실래요 22	송곳같이 솟기만 하네 36
기름진 이천 나랏님 쌀밥 집 23	내 마음 나도 모를 때 38
일체유심조―切唯心造 24	

제2부 — 달구지처럼 굴러

자연의 목소리는 고와야 40
시작할 때와 끝을 마감할 때 41
주름지기도 하는 실오라기 42
지중거사란 아픔이다 44
낙엽 위에 물 반 어름반이 녹아 45
퇴직한 날은 멀어지고 46
인생살이의 외침 47
소낭구와 비자나무 48
오메가 3 49
시래깃국 한술 뜰 수 있게 50
속이 닳아 문드러져도 51
한번 읽어줄 수 있는 지기 52
산골짝을 오르다 보면 54

콩윷놀이 55
삶의 여로 56
울화를 허공에 날려 57
내 피붙이들을
누가 건사해 줄 건가? 58
1종 운전자격증을 획득하고 59
침묵에서 대화로 60
시계는 똑딱거려 61
내면의 슬픔을 간직한 채 62
달구지처럼 굴러 64
나비의 날개에 65
지구의 사계는 24절기 66
작은 구멍이나 틈을 가래로 68

제3부 — 살다가 보면

하늘은 파랗고 보도는 얼어붙어	70
담요를 부둥켜안고	71
자연의 이치	72
너풀너풀 춤추었지	73
종각 사거리	74
내가 설 곳은 어디인가?	76
영혼을 조금씩 상실한 채	78
달덩이 같은 내 얼굴은	79
무수골을 바라보며	80
살다가 보면	82
불굴의 YMCA, YWCA	83
곰곰이 되 삭여 봅니다	84
등짝에 붓을 들어 휘갈기며	86
쌍방향 교량 분수대	87
군자란의 품위	88
인생살이 뭐 있나요?	89
자수성가를 한다는 건	90
달빛 따라 산책한다고	91
양털구름	92
강남 갔던 제비도 집 지으려고	93
바람불어 날릴까	94
천 가방 둘러메고	96
꽃봉오리에서 비너스로	98
아버지와 아들은 닮은꼴이네	99
묵직한 가방 속엔	100

제4부 — 한 가닥 지혜가 있다면

몸매를 돋보이며	102
꽃 잔디에 안부 물어	103
은하수에 맘을 풀어보죠	104
쇼팽의 녹턴 #20을 들으며	105
슬그머니 햇살에 밀려	106
교문은 쇠사슬로 묶어 놓고	108
태 강릉에 오르는 길목에 서서	109
햇살 보고 싶다 마음속 빌어	110
참 잘 살았군요	111
한 가닥 지혜가 있다면	112
미스 킴 라일락을 아시 나요	113
무명의 꽃들에 이름을	114
봇물이 되어 흐른다	115
채만식 기념관을 둘러보며	116
뜨락의 따사로운 봄볕을 쬐며	117
우리의 토종인 꽃들아	118
넉넉한 미소를 띠는 일이네요	119
아리아 뷔페의 아리따운 여인	120
개미가족 따라	121
영화 "뉴욕의 거장들"을 감상하고	122
삼색 거짓말	124
따사로운 빛에 기대어	126
작은 꽃도 꽃이다	127
우산 하나를 챙겨 놓으며	128
교목인 이팝나무	130

제5부 — 쌍화차 한잔의 미소

훈풍은 살갗을 어루만져요   132

장미향을 피워 엽서라도   133

몬슨 기후의 인도커피   134

빽 다방 커피는 오백 원이다 아니다   136

쌍화차 한잔의 미소   138

오피스텔로 독립하는 아이   139

영월은 변하고 있다   140

영월에는 어수리 나물이 있지요   141

단종의 애절한 역사를 품은 청령포   142

문학인의 심포지엄   144

스위트 홈   145

제1부

강물은 쉬임 없이 흐릅니다

비에 젖은 손

잊을 만 하면
우산을 조금 내 쪽으로
언니 쪽으로
신경전을 쓰며 앙앙대던
뜨거운 설전이
웬 말이냐 귀천한 혼마저
보내고 돌아오니
마음은 빗속에 엉거주춤
서서 하염없이
등짝을 툭툭 치던 언니의
손길이 속까지
침범해 나무라는 넋두리는
응석도 아니고
투정부리는 아우의 향기가
빗속에 젖어
물기를 듬뿍 담아 손 내밀면서
잡아 달라 해요

한 수 위란 시를 읽고

허허로운 웃음이
반긴다
장터에서 새 옷 흥정이
구수하다
새 옷을 할멍한테 사줘야
함에 돈이 부족하다
여행 갈 때나 마을회관 갈 때
입을 꽃무늬 옷이다
할배는 사주고 싶고, 할매는 입고 싶고
돈은 부족한데 어쩌란 말이야
웃음을 팔고 애교 있는 떼를 써서
겨우 새 옷을 산 노부부의
마음은 서로 쳐다보며 갈갈!
돈이 없어서도 아니고…
장터의 옷장사와 한바탕
실랑이 하며 삶의 묘미를 느끼는
시인의 일그러진 심정이 흥겹다

시낭송은 아지랑이다

좋아하는 시를 갖고
감정을 살려 표현하고
깊은 샘물을 파듯이
고고하게 들리는
내안의 소리다

맘속에서 진심이 울리고
온화한 표정이 보일 때
감각이 살아나 불청객을
잔잔한 풀숲으로 끌어 들이며
시를 읊는 기쁨이 충만하다

또한 은유의 감정이 솟아나
몸도 가볍고 분위기도 들 떠
아지랑이처럼 날아가
차가운 공기를 부드러운 공기로
몰아가 절정을 이루어 내고야마는
서정적인 시낭송은 아지랑이다.

권총 안마기는 건강의 심볼

봄은 오 것 만 인생은
뉘엿뉘엿 저물어 간다

치료차 두발로 갔다가 포근한
안방이 멀어져 버린 것이다

섭섭한 마음에 신경이 살아난다는
권총안마기를 구입했다

친구의 고집이 죽은 신경을 살려
통통 두드릴 수 있다면

행여 꿈틀거릴지도 모르는 얄팍한
육신의 나래는 일어설 것이다.

성냥갑 속에 사는 나그네들

어리석은 꿈은 사라지고
또 다시 꿈을 꿔야
하는 내 마음은
서글픈 눈망울이 되어 뚝뚝!
떨어져 고드름 맹그네

날은 차야 맛이라지만 꼭!
차야만 겨울이냐고
되짚어 보고 싶다

때론 훈훈해야 성냥갑 속에만
사는 나그네들의 심정도
바르게 살 텐데

고달픔을 딛고 일어서는 고목에
속내는 꽃피운 봄을
기다리는 중이다

아무리 삶을 애는 추위도 꿈이
있다면 어금니 물고 설 수
있으련만

목적 없는 삶보다 뚜렷한 목표만
있다면 어떤 난관이라도
헤쳐 나갈 수 있다고 어금니 꽉 문다

밤을 사르르 세우고

밤을 사르르 세우고
아침을 맞으니
어깨가 묵직한 것이 방안이
희미하네요

두 눈에 안약을 넣으니
흐르는 눈물은 볼을 타고
골짜기를 이루지요

골을 따라 지도 그리며
한 마리의 새같이
날개 펴며
어릴 적 동무들 따라 동그라미
그리며 둥우리 찾아 가네요

아몬드나무 꽃

새 생명과 희망을 심어주는
백색의 아몬드나무 꽃은
조카 빈센트다

고흐의 쇠잔해 가는 인생의
생명을 소생시키는 새들의
합창이다

조카가 태어남에
쓸쓸했던 정원에 나비 날고
벌이 윙윙 거리며
삶이 곱게 빛나서

널 부러진 가랑잎 사이로
파란 싹은 마른 흙을 삼키며
풍성한 잔디로 입혀 버리고야 마네

우반동 언덕배기에 올라

내변산과 외변산으로 이루어진
우변산언덕배기에 예전의 절터였던
정사암이 자리하고 있다

정사암 마당 안에 우물하나는 가족의 식수다
정사암 마당 밖에 우물하나는 동물의 식수다

깊은 산속에는 소나무와 대나무가
울창하게 들어 서있어 바람만 불면
대나무끼리 부딪는 소리는 청아하다

서당에 학생들이 글 읽는 소리와
붓글씨를 쓰다보면 마음이 꽉 차
우반동언덕에 올라 동네를 내려다보면
어지러웠던 머리가 가뿐하게
감정을 추스른다

곰소염전을 지나 신석정문학관을
들어서면 명 강의가 기다려져
영상도 보고 낭송도 곁들이고
작가의 서재도 기웃거려
눈에 아롱거려 진다

마린보이의 의지

삶이 핍박해도 하고자 하는
일은 못 말려요
어려서는 부모님 성화에
성장해선 자금 때문에
자신의 의지를 덮고 살다가
주식에 눈떠 한바탕
회오리기 바람이 일어
의외의 금전이 파도칠 때
회심의 미소를 머금고
언덕바지에 터를 잡아
男子 형제끼리 뜻을 뭉쳐
미니어처를 눈요기로 마린보이가 되어
쌍화차를 묘미 있게 달인다
혁신적인 맛으로 노란 달덩이 없이
한약재만 캐어 말려 참맛을 낸 다나~
우리 강산에 우리 흙덩이
산토불이를 발굴해 널리 퍼트린다며
삶이 벅차도 우리 몸에 우리 땅에
우리만의 영양가를 살리는
마린보이의 의지를 보이고 싶다 한다

결명자차 한잔 하실래요

결명자를 한소끔 끓여 마실 온
이웃집 아지매 한테 주니
반기네
어느 집에 가나 커피만 주어
속이 시린 적이 있다며
반기네
눈에 좋고 마셔서 맛이 구수한
결명자차를 즐기니 주인도
반기네
토종인 우리의 결명자가 우대를
받으니 식탁이 환해져
반기네
한약재가 쌓인 경동한약방은 결명자뿐
아니라 한기가 들 때는 쌍화차도
한 몫 한다고 반기네

기름진 이천 나랏님 쌀밥 집

청기와 나랏님 쌀밥집을
몇 년을 벼르다 아이 귀빠진
날에 신경 써 들렀드니
내부는 2층으로 원목이다
천장 보며 한술 뜨는데
샹델리아도 품격을 보이고
기둥도 궁궐의 둥그렇게
장식 된 것이 기품이 있어 보인다

덧상을 밀어 넣으면
대여섯 명이 먹기에 안성맞춤이다
나랏님 밥상에 통김치는 없고
살짝 삶은 배추나물만 있어 찾았드니
셀프 찬기에 있다고-
작은 종기에 몇 소삽 담아 맛보니
우리음식은 통김치가 으뜸이다

이천 쌀은 씹으면 씹을수록 단맛이
입안에 가득 고여 나랏님 쌀밥이라 구수하다
누룽지도 부드러운 찹쌀로 만들어져
숭늉도 구수하고 코를 벌렁거리게 하네

일체유심조 一切唯心造

연말이 되면 일 년의
결과물이 슬며시
고개 든다
길고 짧았던 사연들이
구석구석에서
튀어 나온다
죄와 벌
같이 꼼지락
되며 잇몸을
시리게 문다
공과 사는 어느 쪽에나
있어 형식을 훑어
보는 것이다

커다란 오점이 아니라면 그냥
못 본 척 넘어 가련만
석연치 않다
구태여 옥과 티를 밝혀야 하는
편집인들의 심정이 역겨워
지기까지 대두되니 할 말이 없고
일체유심조가 생각이 난 다네

수상한 자와 낙마한 자의 차이

세밑의 풍경이 어디나
비슷하다
수상한 자와 낙마한 자의 차이는
백지 한 장의 차이다
더운 여름에 필사를 단행했지만
평가는 어렵다
머리는 뜨겁지만
가슴은 차갑게
손은 날렵하게
놀리지만 둔하다
짓눌려지는 과제에
피로와 병마가 찾아와
눈빛이 흐려지고야 만다
지는 게 이기는 것이란
단어가 육신을 꼬집는다

전국 명산 만장봉을 읽고

인왕산의 거대한 산 벽에 우뚝 선
주봉은 삼각산이요
좌측 용인낙산과
우측 호랑이 인왕산이네
남산은 누에머리를 대하고
마주하나 그 상서러운 징조에는
영기를 모아 인걸을 나게 하니
이 아니 아름다운가!
고려 선비 길재는 아름다운 삼각산을 두고
한성을 떠나려니 처연한 맘 가 눌 길 없어
시 한수를 읊고야 홀연히 사라지네
삼각산은 높고 기상이 서려 봉황이
우주를 품어 분수대는 누구나 편안한
안식처로 오가며 끝도 없이 바라다보며
시 한수 읊조리고 싶은 마음이 드네

말은 마음의 대변자

홀로 대화하는 것보다
둘이면 좋다
대화는 사심 없이 들어야
정이 든다
웃다가 아니 웃으면 속이
시커멓게 탄다
내가 한말에 비위가 상했나
의혹이 생긴다
별 탈 없이 하는 대화가 심상을
어지럽히고
상대방을 애타게 했다면 곧장
용서를 빌어 마땅하다
맺힌 맘 없이 허둥대다 철길을
이탈 했을 때
얼른 사유를 말한다면 웃고 그
자리를 뜰 수 있다
말은 마음의 대변자이자 진실을
알리는 동반자이다

알알이 영근 앵두나무

글을 쓰다 펜이 뻑뻑해
미끄러지지 않아
무작정 털고 숲길을 걸어
바람과 나무를 벗하며
미루나무 우듬지에 둥지 튼
까치집을 바라 본다
바람에 잎이 다 떨어진
몸체가 가냘프고
살피듬은 하얗고 덜덜 떠는
모습은 내 맘 같아서
백지에 몇 줄 쓰다보면 울적한
맘이 생겨 걸어보죠
가방은 둘러메고, 뒷길은 인적이 드물고
텅 빈 곳이다
과실이 사계절 주렁주렁 달려
팔이 저절로 흔들리어
새콤달콤한 앵두에 넋을 잃어 어느새
책상머리에 머무릅니다

촛불을 붙입니다

날이 춥다고 방콕하자니
발가락이 꼼지락 댑니다

도봉산 금득사에 가서
가족의 안녕을 빌며
촛불을 붙입니다
흰 눈이 하얗게 보살을 감싸고
오는 이 맞아 미소 지며
보시 합니다
마음이 그냥 애틋하여 발길을
돌려봤는데 보살들의
참여가 뜸 합니다
날씨 탓이련만 하늘은 붉은색으로
곱게 물들어 보입니다
등산박물관이 손짓하며
도깨비불이 반짝거려 문을 여니
반달곰은 한 컷 찍자고
어깨동무 하네요

강물은 쉬임 없이 흐릅니다

청소한다고 문을 활짝 열어
젖히면 찬바람이
냉기를 얼굴에 뿜어
발갛게 상기 됩니다

묵은 공기 내보내고
실내공기 순환시키니
그림도 생화도 미소지며
끄덕거려 상쾌함을 노래하죠

인향도 좋지만 존재하는 사물들도
얼차려하며 열락을 느끼죠

생은 느리게 가지만
생은 몸소 느끼기 나름이죠

항시 즐겁게 생각하고
항시 긍정적이라면
작은 일도 별일 없이 편하게
굴러가 내일도, 오늘도, 글피도
굴곡 없이 강물은 쉬임 없이 흐릅니다

흔적을 남기고 떠나네

세월은 말없이 가는 듯
하지만
흔적을 여기저기 남기고
떠나면
어린아이가 고졸을 하여
길 찾고
어른이 퇴직하여 안식을
얻으며
힘겨운 시간들을 보내고
쉬지요
심신도 큰일 내려놓고 내일을
손꼽아 보고
작은 일도 크게, 큰일도 작게
마음을 달래고 서운했던 사연도
거둬들여
알차리게 내 벗을 엮어 참다운
너와 나
새살 돋아 깨달음에 이르곤
하지요

꼬옥 갚으리라고

작은 생각들이 두뇌를
강타하여 어지럽힌다
세밑이라 별별 사연이
꼬리에 꼬리를 물고 스쳐 가는데
꼬옥, 한 가지가 옷자락을 붙잡고
흔들어 잠을 깨운다

꼬옥, 하나가 멈춰 생생하게 유령처럼
나타나 지나간 세월을 탓하듯
어금니를 앙 다 문다

혈연이라곤 오라비 뿐 인데
다리를 절며, 금반지 달라고
골목 저편에서 팔을 저으며
질척거리며, 아쉽고
그리운 표정으로 흰옷을 펄럭이며
비틀거리며 다가온다

군대서 반지계로 모은 반지란다
학창시절 세수한다고 빼놓은 반지가
없어진 것이다
하! 지금도 모를 일이다
누가 어쨌는지 추측도 못하는 사건이다
갚으리라, 꼬옥 갚으리라고-

5단 서랍장

5단 서랍장이 다리가 부러져
보기가 흉해 가구점에 가서
색깔이 비슷한 모양으로
구입해서 들여오니 방안이
훤하다

가구란 망가지면 고치고
경첩이 부서지면 새것으로 바꾸는 게다

가구점에서 찬란한 불빛보다
가정에서 은은한 LED전등 밑에서
보니 색상이 기존가구와
어찌 그리 잘 어울리는지
기분이 쌈박하다

배달한 기술자에게 정수기 물을
얼른 갖다 주니
환한 미소를 지으며 뭐?
손볼 것 없느냐고 친절을 베푼다

가는 정이 고와야
오는 정이 곱다는 속담이 있듯이
서로 오가는 정이 추운 날씨에
전문가의 가구배치가
훈훈한 맘을 갖게 한다

송곳같이 솟기만 하네

한해 두해 지나가지만
처음으로 느끼는 심정은
나이테가 굵어진다는 것이다

인생살이 뭐 있냐고 하지만
인생행로는 누구를 막론하곤
고달프다

젊었을 때는 세월 따라 흐르고
병든 몸만이 2세들에게 안기면
괴롭다

부모님 형제들의 허세는 날로
빈약해지고 조카들의 칼날은
날로 푸르다

푸르른 날은 가고 황혼은 가깝게
다가와 손자손녀들의 촌지는
쌓여만 가니 흐뭇하다

삶이 핍박해져도 하고자하는 의욕은
지칠 줄 모르고 송곳같이
솟기만 하네

내 마음 나도 모를 때

석연치 않은 과실은 진실과
어긋나지요
애들의 표정이 이지러질 때
슬프지요
작은 근심이 얼굴에 보일 때도
아니고
곤혹스러운 모습은 공연히 어미의
가슴을 놀라게 합니다

아이가 아이를 낳아 양육할 때
첫애 전철을 밟고 실수를 한다면
아기의 성장에 오류를 범하는 행위는
후회할 일만 남겨서 애석한 일의
반복과 어리석음을 남긴 답니다

차분한 마음의 고운 날개를
펼칠 수 있도록 인내만이 기회죠

제2부

달구지처럼 굴러

자연의 목소리는 고와야

삼각산 밑은 시내보다 더 추워
털목도리를 한껏 감싸도
움츠러듭니다

강사가 X마스 수호천사라고
준 털목도리가 목 관리하기에
따사하네요

낭송을 하려면 목소리가 곱게
나와야 하는데 빽빽거려
따가워요

매운 날씨에 따끈한 붕어빵
한 봉지 들고 수강생들과
속살거리죠

수강생들과 농을 하면 괴상한
소리가 나와 마음을 들뜨게 해
분위기가 달아올라요

시작할 때와 끝을 마감할 때

단체장들의 임기가 이맘때면
들썩들썩 거립니다
문협의 일꾼들이 때가되면
새 일꾼으로 갈아타고
새 깃발로 바꾸지요
이년을 기한으로 벅찬 임기를 마치고
長(장)을 내려놓고 각자의 길로
호기롭게 뜨지요
시작할 때와 끝을 마감할 때의
기분은 잘잘못을 가리는
촛대가 물어 봅니다
큰일은 큰일대로
작은 일은 작은 일대로
의사봉을 두드리며 행사의
앞장 설 때 의기양양 합니다
후회 없이 자리를 비운다는 것은
마음속에 미련이 없다는 것일까요?
돌아보면 바턴은 이어져 자연히
매끄럽게 굴러가니 호방 합니다

주름지기도 하는 실오라기

어지럽다고 웅크리면 더욱
커지기만 한 사연들이
범람 한다

스스로 다스려 내안의 나를
찾을 때만이 뜻이 새겨져
진정한 나를 안다

어설피 내가 서있어 상황을
잡을 때 신기루같이 뜬
깃발이 비춘다

뭉근히 다가와 살프시 팔을
당길 때 무언의 반응은
말없이 끌린다

삶은 생각하기에 따라 짧기도
주름지기도 하는 실오라기
같은 열락이다

어금니 앙 다물고 끈기와 근면으로
버티어 계획을 세우고 실행을
옮긴다면 밑에서 움은 튼다

지중거사란 아픔이다

地中居士란?(지중거사)

차분히 잇몸사이로 되뇌어
본다
나이테는 그냥 생기지도
않고
사랑과 고통과 노동이 굵어진
흔적이다
위로 아래로 섬기고 보듬다
보면은
피폐한 몸뚱이만 남아서 속은
텅 비고
겉은 고운 모습으로 타인에게
비칠 때
눈물방울은 속으로 잦아들어
속적삼을 적신다
무료전철은 모진 세월에도 자식과
부보형제들의 수발을 든 정성이 아닐까?
흔히 떠도는 소문은 가슴을 저밀 때가
한 두 번이 아니라서 음미해 본다

낙엽 위에 물 반 어름반이 녹아

경춘선 숲길을 걸어본다
머리는 복잡한데 할 수
있는 일이라곤 없다

무심코 하늘을 올려다보니
구름 한 점 없는 맑은 물이다

톡! 건드려볼까
풍선이 터질 듯 볼록한 뱃살이
앙상한 우듬지에 닿아
잔 봉오리들이 깨알같이
매달려 움트려 준비 중이다

좁은 숲길에 어름이 녹아
낙엽 위에 물 반 어름반이
녹아 하늘의 구름도 비추고
코트 입은 모습도 거울에 비춘다

퇴직한 날은 멀어지고

시동생 장가들고
조카들도 태어나니 명칭도
하나 둘 더 생긴다
할머니 고모 삼촌이 되어
생일 때면 선물 용돈을 달라는
아기 손들이 귀엽기만 하다
졸업 때면 성인 티가 나니 부가가치가
두드러지게 높아져 밑천이 딸린다
퇴직한 날은 멀어지고
멀어지니 속주머니는
겉잡을 수 없이 얇아진다
지전을 잡아보지만
자꾸자꾸 손이 작아져
넣다 빼다 하다 보니
봉투는 바뀌어 번지수가
하 수상해져 안경 끼고
다시 세어보면
주인공이 달라져 무표정한
얼굴을 붉히며 달랑달랑
손만 부들부들 떠네

인생살이의 일침

나이테는 오직 세월일 뿐이다
나무는 비가 오나 눈이 오나
오직 굳건히 땅을 딛고
버티어 나무들을 보듬지요
나뭇잎은 떨어져 비료가 되어
마른 땅에서 자라는
야생화의 그늘이 되고
양지가 되어 꽃을 피 우죠
황폐한 토지를 옥토로 만드는
나무의 일생은 사막으로 가는
피폐한 흙덩이를 일구어
농사도 짓고
과일도 열리게 하고
부족한 물도 저장하여
푸른 산을 일구어 평화를 노래하고
문화가 꽃피는 지게꾼도 직업으로
한푼 두푼 벌어 가족을 챙기는
나무는 천년이 가서도 주목이 되어
인생살이에 일침을 놓는 주름이다

소낭구와 비자나무

예전에 처녀 때 교양과목으로
바둑을 YMCA에서 배웠다
시집와선 시아버지와 대국하다
두려워 대패했다

늦게 오는 지아비 힘들게
하지 말라는 권고용
가르침이었다

신문에선 바둑판을
비자나무로 만들면 탁탁치는
자국이 사용한 날은 선명하지만
다음날은 원상복구 된다고 한다

우리 집은 대를 이어 소낭구로
목공예 실에서 만들어 온다

지금은 사용하지 않지만 예전엔
가족 모두가 바둑에 관심이
커다랗게 작용해 선호하는 편이다
후손에게 유물로 남기는 수밖에…

오메가 3

날은 찬데 무얼 먹어야
하나
명절 장보고 버스타고
오는데
삼거리에 ^오메가 3^란
푯말이
추워서 움츠린 나그네 눈에
뜨네
문을 여는데 등 푸른 생선이 마중물
같이
"어서 오라고" 반기며 빈 의자를
내 놓네
등짐에 손짐에 장갑에 얼은 손이
따스해지네
지극지글 구운 등 푸른 생선이 넙직
누웠네
간장에 겨자 풀어 게 눈 감추듯
들어가네
노동 후에 값진 인생 맛이 따로
없다네

시래깃국 한술 뜰 수 있게

세월이 흐르다보면
삶의 고독을 느끼게 될 때는
자식들 모두 출가시키고
두 부부만 남았을 때지요

식탁에 숟가락이 점점 줄어들어
두 개만 남겨졌을 때
몸은 점점 야위어가고
식욕은 서서히 줄어 들지요

짝궁이 좋아하는
시래깃국 한 술 뜰 수 있게
굵은 멸치를 넣고 한소끔 끓여낸다면
잃었던 입맛이 되살아나
즐거운 식사가 되지요

속이 닳아 문드러져도

사람의 겉모습은 그저
상징에 지나지 않는다

속이 닳아 문드러져도
겉은 아무렇지도 않은 듯

나와 내 자식들의 안녕을
조용히 몸으로 기도 드린다

설혹 생각이 빗나가도
예의 주시하여 잘 되기를

손꼽아 기다리며
물끄러미 진행을

지켜보고 크게 덧나지만
않는다면 탓하지 않으리

한번 읽어줄 수 있는 지기

대화상대가 없다는 것은
참 불행한 일입니다
자고나도 손에 닿을 수 있는
인기척이 있다면
방안의 분위기가 훈훈하지요
식탁에 따끈따끈하게
김을 내는
간단한 계란 국

한술이라도
같이 뜰 수 있는 지기가
옆에 자리하고 있다면
낙원이지 기쁨 입니다

글쓰기도 홀로 쓰기보단
한번 쓰면 읽어 줄 수 있는
지기가 있다면 발그레한
볼로 미소 짓고
연필도
깎아 줄 지원군이 있다면
글쓰기는
더욱 일필휘지가 되지 않을 까요

산골짝을 오르다 보면

날씨 탓으로 돌리기는 아쉽지만
인연이 여기까지다 느끼면
무슨 사연이 있다 해도
가볍게
마음 내려놓고 갈 수 있는
곳이 많다
갈 길은 멀고 힘해도 작정
해 놓고
산골짝을 오르면 신기루가
나타나서
끝을 보일 때 아! 여기가 오름의
턱을 드러내
고개 들어 파란하늘을 볼 때
붉게 물든
노을은 새떼가 점령하고 그
밑은 군중들이
아스라이 모여들어 논밭 풍경이
이랑 가는
농부들의 소몰이는 숨 가쁘게
흙을 갈라쳐
내일의 원동력을 심어 주고 있다

콩윷놀이

아이들의 목소리로 요란하던
대가족은 성장과 더불어
나래를 펴고 둥지
찾아 간다
산천은 예나 지금이나 변함없이
맑고 푸르고 바람소리로
창호지가 속살거려
나이테가 굵어진 증조 고조들도
세배 돈 주느라
속적삼에 복주머니 뒤 지며
어린손주들 쳐다보며
삼대가 모이니 가정의 내력인
콩윷놀이로 한바탕 소란을 피네
조카들은 콩윷놀이가
현실과 맞지 않는다고
날이 갈수록 잊히어 가는 중이다

삶의 여로

아프다 말 할까
시리다 말 할까
맘이 괴롭다 말 할까
배반으로 머리를 조아릴 때
닭 쫓던 개 하늘 쳐다보고
북풍이 울부짖네

사연은 많지만 화이부동하니
속이 울화로 어쩔 줄 모르네

장작불은 바람에
더욱 타오르고
붉은 얼굴은
새파랗게 질려

스스로 내안의 벽을
허물지 못하네

울화를 허공에 날려

따갑고 시린 하루는
지나고
안정이 꽃피는 하루가
됐네요
미움은 증오를 낳고
반죽에
효소를 넣어 버무려
하루만
놔둔다면 빵이 먹기 좋게
익어 갈 겁니다
사람도 부족함을 사색하고
책을 읽는다면
내면의 울화를 허공에 날려
목화의 솜털처럼
품에 안겨 따사한 봄날에
새싹을 틔울 것입니다

내 피붙이들을 누가 건사해 줄 건가?

선열들이 눈 감았을 때
내 피붙이들을 누가
건사해 줄 건가?
어미아비가 없는데도

핍박한 사회에 적응을
잘 할 수 있을까
이미 운명은 타고 난 것
어찌 하리오
집 나간 탕아가 거지꼴로
돌아와도 주름진
부모는 반갑다

김치 한 조각, 따끈한 청국장 한술에도
메마른 입술에 눈물 홍건한
자식의 시름에도 부모는 사정을
알지만 그저 지켜볼 뿐이다

1종 운전자격증을 획득하고

입춘이 지나면 여러 가지
사건들이 비죽이
나타 나죠
입학식이며 졸업식
정년이며 퇴직이
각자의 위치에 따라
들고 남이 쓸쓸 하죠
내 청춘을
직장에 바치고
검은 머리가 백발이 되고
팽팽한 얼굴이 주름지어
자신의 위치를
내려놓고 사직서를 낼 때
대학 가는 놈의 등록금이
눈에 밟혀
지긋이 눈감고 내일을
본다면 섭섭해지는
고개 숙인 사위의 모습은
평시에 어딜 가나 차를 끌고
교통질서를 지켜 퇴사의 목적으로
준비했던 1종 운전자격증을 가진
미래운전자의 운명입니다

침묵에서 대화로

아무리 어려운 일이라도
상대와 부딪쳐 봐야죠
만나서 응어리진 냉가슴에
햇볕이 쪼여 녹여 주지요
말은 해야 맛이란 옛 속담의
얘기는 결코 헛되지 안 지요
응달에서 양지로
침묵에서 대화로
타인과의 대화는
홀로 읊조리는 것보다
상대와 화안히 잇몸 보이며
통쾌, 상쾌, 유쾌하게
한바탕 웃어 재끼니
웃는 얼굴에 침 못 뱉지요
눈 녹듯 얼은 땅에
생명을 불어넣으니 졸졸
속살대며 제 갈 길을 가지요

시계는 똑딱거려

바람이 스쳐
귓전을 지나가도
누가 어쨌는지 모릅니다
시계추는 똑딱거려
길고 짧게 하루를
아무 내색 없이 숫자를
늘리며
보초 서지요
가정의 내력을 더듬고
덤덤하게
어르신들의 낮밤과
어르신들의 일거수일투족을
쳐다보지요
들고 남을 문소리 시계소리
속에
바람도 한몫 거들어
가족의 안녕을
똑딱거리며 바라보고 있지요

내면의 슬픔을 간직한 채

공안과 정기검진 가는 날에 스스로
지아비를 벗 삼아 함께 한다

유리창에 비치는 환자가 자리한
초록 모자이크가 안정적이다

호명되기를 기다려 TV에 열중하며
순서를 기다리고 있다

무지갯빛 노송과 화초가 서로를
보듬는다

보이는 것과 뵈지 않는 것은 내면의
슬픔을 간직한 우수다

들고나며 서로의 사정이 내 사정인양
안온한 표정이 부드럽다

CT 촬영한다며 약품을 한 방울 넣으니
온 세상이 뿌옇다

소중한 눈이 한해살이로 막을 내린 듯
아쉬운 순간들이 겹쳐지고 있다

달구지처럼 굴러

마음이 어지러워도 한치 앞이
안 보여도 눈은 나려 쌓입니다

고통은 나의 것
시름도 나의 것
괴로움도 나의 것
어느 하나 소중하지 않은 것이 없죠

고통 시름 괴로움이 지나가면
잠시 어둡던 마음도
달구지처럼 굴러
밭 갈고 흙 돋우어
씨앗하나 뿌려서
새싹이 움트면 즐거움이
작은 뇌를 건드려 백설의
효력을 땀뿍 채우죠

잡초를 뽑고 벼이삭만 남겨
알알이 영근 벼를 볼 때
힘들었던 기억은 저 멀리 사라지죠

나비의 날개에

시냇가에는 버들의 봉오리들이
가지마다 잔뜩 매달려
봄을 기다려요

눈이 덜 녹은 야산의
처마에는
고드름이 녹아
방울방울 떨어져
처마 밑은 패이고
맑은 물이 흘러내려
마른 땅을 적시며
들꽃이 움트기로 보여 집니다

차가운 봄 햇살에 밀리고
나비의 날개에
꽃가루 묻혀 잠든 봄 전령이
어서 일어나 꽃피우라고
토닥거립니다

지구의 사계는 24절기

생각을 하다보면 두뇌가
팍 터질 것 같아
멈춥니다

창을 열고 서녘을 쳐다보면
오봉은 백설이 희고 높게
보입니다

나목은 서있고 세찬 바람만 불어와
목이 훤한 여인의 가녀린
모습입니다

하늘은 푸르고 땅은 거무스름해
햇볕이 쪼여야만 팔 벌려
나목을 안 습니다

초목도 햇살을 받아 빙긋이 노란
새싹을 보이며 바스락 대
기지개를 폅니다

지구의 사계는 이십사절기를
거스르지 않고 농어촌의
사계를 챙기지요

작은 구멍이나 틈을 가래로

손가락이 칼에 베어상처가 나면
아픕니다
하물며 전신에 상처가 나면 더욱
아픕니다
뭔 일이든 작은 것에서 단초가 되어
퍼집니다
아픔을 방치할 때 상처는 더욱
커집니다
고통으로 번질 때 급기야 멍울져
육신은 좀 먹습니다
유방에 멍울이 잡혀도 병원에 가서
검사할 때는
방사선 치료라는 검사가 진행되어
작다고 무시한다면
호미로 막을 것을 가래로 막는 일이
없어야 하겠지요

제3부

살다가 보면

하늘은 파랗고 보도는 얼어붙어

하늘은 파랗고
보도는 얼어붙어
옷깃을 여미며 육교 위를
고개 숙이고 걸어갑니다

늦을 세라 걸음을 잽싸게
놀리며 전철을 타고서
둘러보면 모두가 폰을 들고
익숙하게 톡톡 거립니다

백내장을 치료하러 안과에 가는데
접수대는 벌써 차례를 기다리며
번호순으로 부르면 현미경 앞에
앉아 수정체를 검사 받습니다

의사를 만나 상담하고 OK싸인을 받고야
긴장감에서 풀려나 물 한 모금 축이고
푸른 하늘을 보니 도보는 한가해
후덜덜 떨렸던 가슴을 보듬어
오복이 으뜸이라는 생각에 잠 깁니다

담요를 부둥켜안고

날씨는 왜 이리 추운지
쭈그리고 기어들고
담요에 파묻힌 듯
한 숨 푹 자고
싶네요

담요가 부드럽고
담요가 포근하고
담요가 가슴에 와 닿으면
엄마 품속 같아 얼굴을 감싸 봅니다

안과에서 두 시간 마다
안약을 넣으라는 처방에
꼼짝없이 외출은 멀리하고
담요를 부둥켜안고

세상만사 재껴 놓고
담요에 안겨서 쇼팽에 녹턴을
조용히 귓전에 울려 잠겨듭니다

자연의 이치

안약을 한쪽만 넣다보니
약이 시냇물처럼 흘러
굴곡진 틈사이로
스며드네요

지리적으로 높고 낮음을
잘도 알고 요리저리
길 따라 갑니다

자연의 이치처럼
햇볕을 피해
음지로 흐르다

더워지면 자리를 피해
기체로 가볍게
가버리죠

너풀너풀 춤추었지

맑고 밝고 환한 것이
이리도 좋은 걸
왜 몰랐을까

유리창을 봐도
오봉을 봐도
구름도 하얗게
너풀너풀 춤추었지

선명하게 모양새 비추니
선남선녀들의 영웅인
가브리엘이 등장 하네

종각 사거리

종각사거리는
우측에 화신백화점
좌측에 신신백화점이
예전에 자리하고 있었다

우리부부는 종로 예식장에서
예식을 올렸는데 가족사진이
허당이 되어 사진사가 집으로
찾아와 사정을 해 시부모님의
영정사진으로 대신한 생각이 스물 댄다

형제 중에 우리내외 가족친지
사진만 빠져서 두고두고 야기꺼리로
남아 가족사를 엮는다

지금 그 자리엔
종로세무서가 번듯한 고층으로
종각사거리를 훤히 내비치며
조계사까지 빠꼼이 내보이는
시대의 변천사를
묵묵히 느끼게 하는
가슴 한편에 편린으로
남아 가신 분들의 넋을 기린다

내가 설 곳은 어디인가?

마음을 가다듬고
자신을 올곧게
세운 다음에야
비로소 앞이 보인다

내 주위에 모인 너와 나
예전엔 웃고 놀았지만
세월이 흘러서는
기쁨보다 상처만 남는다

상흔을 끌어안는
벗은 하나 둘 사라지고
젊음이 넘치던
곁가지들은 자신의 보금자리
찾아 간다

가족은 불어나지만
대가족의 서열은
소가족으로 축소되어
어른은 소외되고
아이들은 만세를 부른다

내가 설 곳은 어디인가?

영혼을 조금씩 상실한 채

굳게 잠긴 쇠문을 배시시
열어
나들이 가는 이웃집 할매는
도우미 덕분에 정갈한
모습이다
한껏 들뜬 안경사이로
어릿광대같이
지팡이로 툭툭 보도블록을
두드려 보며
할배 가신이후로 말씀이 줄어서
입담이 없다
자식도 손자도 여럿 있건만
식욕도 없다며
영혼을 조금씩 상실한 채
휠체어에 기대어
먼 산만 쳐다보는 모습은
예전의 온화한
기품이 아닌 혼이 나간
외로움이 서려
언저리에 슬픔도 깃들어
가고 있다

달덩이 같은 내 얼굴은

사람이 아플 때 자세히 봐주는
의사가 곁에 있다면 그 자체가
편안하다

의사가 젊고 왕성한 기운이
넘치면 환자의 처진 어깨는
자기장을 받는다

아픈 곳을 부위별로 진단을
내려 처방을 해줄 때
기운이 솟는다

따사한 마음에 인자한 미소가
얼굴 가득 넘친다면 더욱
신뢰가 될 것이다

몸이 아프면 스멀스멀 한기가
다가와 달덩이 같은 얼굴은
냉기로 가드 채워져
목이 마르다

무수골을 바라보며

산바람이 계곡을 타고
냇물과 같이 졸졸
흘러 내리네

햇볕은 쨍쨍한데 산에서
흐르는 계곡물은
얼음장 같구나

캠핑장에서는 바비큐 굽는
냄새가 구수하게 입맛을
다시게 하고

넓은 벌은 가래질 하느라
농부의 어깨는 농기구로
무겁네

영해균의 묘소는 잠잠히
후손들의 밭갈이에
훈훈한 혜안이네

왕도 백성도 어버이 노릇하기는 매한가지라
무수 골의 풍경은 땅에 자손의 평안함을 위해
세종은 손수 납시어 훈수를 둬 자손의 만대를
그리니 덕 있는 왕 이로 소이다

살다가 보면

살다가 보면
       따스함이 깃들어 포근하다
살다가 보면
       우수가 깃들어 서글퍼진다
살다가 보면
       달빛에 모습이 어리어 비친다
살다가 보면
       하얀 나비되어 그리움이 온다
살다가 보면
       마구 울고 싶을 때 숨어 운다
살다가 보면
       형제끼리 다투고 화해하며
       손잡아 끌 때 뜨거운 눈물은
       넘치고야 마네

불굴의 YMCA, YWCA

청춘을 보냈던 불굴의 의지를
키운 YMCA
학창시절을 보내고 나서 Y에
몸담고
자신의 목표를 담아 실천하는 여가
선용도 되고
인의예지신을 골고루 발달시키는
정신수양도 되고
탁구, 바둑, 음악 등을 연마하는
의지의 성인이 되고

YWCA에서는 통기타 치는 서유석의
"가는 세월"을 듣고
청춘의 김밥은 원이 아니고 네모라는
김밥을 만들고
지금도 단체로 김밥을 만들면 꼭
표시가 난다
목적이 잡히면 끝까지 이뤄내고야 마는
불굴의 YWCA
종각카페에 앉아 창 너머로 보이는
파란빌딩이 눈 맞춤 해 준다

곰곰이 되 삭여 봅니다

달도 차면 기우는 데
사람도 차면 기우나요

환자의 마음을 아는 의사는
어디쯤 있나요

시인이란 운명 속에 글을 쓰는
마음은 항시 쓸쓸 하답니다

뭔가가 가슴이 차서 하나씩
거두어 내리면 손이 떨려요

책을 보면 가까운 데를 봐야 하는데
먼데만, 먼 거리만 멋지게
훤히 보여 속이 타지요

백내장 수술은 깨끗이 됐다고 하지만
일상생활에 지장을 준다면

한번쯤은 생각해 봐야 하는 것
아닌 가요

근거리가 안 보이니까 아주 답답해
숲길을 걸으며 곰곰이 되 삭여 봅니다

등짝에 붓을 들어 휘갈기며

무엇이
무슨 사건이 일어나도
시간은 가고
일상은 도래해 흘러서
작은 일도
부풀리면 커져서 끝맺음을
하려고 수증기를
내 품으며 뽀얗게 꼬리를
흔들며 사라
진다

시금석은 언제나 제자리에
서서 하염없이
등짝에 붓을 들어 휘갈기며
전지에 자국을 남겨
하루의 실적을 가감하게 펼쳐
목적을 쓰고
목적을 다듬고
목적을 달성하려고
발버둥 치며 선을
그리려 하네

쌍방향 교량 분수대

얼굴에 선글라스 쓰고
철길을 걸어본다
따스한 햇살은 반려견이나
아기의 유모차에 훈훈한
운기를 불어 넣어
동물인지 사람인지 분간이
어려워 뛰어가 휘장사이로
찡끗 들여다보면 반려견이다
어찌 그리도 사람의 행세를
하는지 분간이 어렵다

시냇가 물 흐르는 소리에
잠시 시선을 돌리는데
쌍방향 교량 분수가 뿜어져
작은 몽돌이나 돌맹이들의
붕어 숲은 패어져 나가고
냇물의 폭은 좁아져
한쪽으로 쏠리니 물살은
거세져 퍽퍽 떨어지고
바람에 율동을 타니
안단테로 변해 듣기 좋아요

군자란의 품위

날갯죽지를
벌리고
하품을 하려면
가지치기를 하여
움츠려 들게 하는
내색도 모르고
꽃대를 있는 대로 피우는
군자란의 품위는
우아하기 까지 하구나
추운 모진 겨울 견뎌
봄볕에
은은하게 꽃피우는
고결한 선비의 면모에
문화권에서는
군자란이
자손을 늘리고
강인한
인내와 덕망을
돋보이게 하는 식물이라
하지요

인생살이 뭐 있나요?

작은 일 하나

큰 일 하나

말없이 척척 갈라놓고

어둠을 헤치고 나아가

결승점에 도달한다면

인생은 만사형통입니다

인생살이 뭐 있나요?

자수성가를 한다는 건

어려선 부모덕에 부족함 없이
살아 나가듯이
부모가 가시면 그때부터
고난의 연속이다

인생살이가 힘들고
때론 주위 환경 때문에
고통의 순간도 밀려와
홀로 서기란 쉬운 일이 아니다

자수성가란
단어가 귓전에 맴돌며
의지가 다져지는 시절에
사춘기가 오면 의지가 약 해진다

장학생이란 현실타계의
실현이 꿈을 품을 수 있어
친구들의 부러움을 사고
힘들던 학창 시절이 있었던 기억이
뜬구름처럼 와락 달려듭니다

달빛 따라 산책한다고

해가 지면 어스름히
비치는 달빛이
꽃단배 떠가네

슬픈 미소 지며
치마 자락 엉거주춤
잡아당겨 사쁜히
즈려 밟고 입다 무네

가는 곳 물으면
달빛 따라 산책한다고
고개 까딱거리며
바람에 휩쓸려 꽃잎 물고는

지마끈 잡아당겨 허리에
두르고 어스름한
달빛에 맑간 미소 지며
둥둥 떠올라 은하수
고향 찾아 꼬리 문다네

양털구름

신문을 보다 머리가
아프면
    신문을 덮어 버리고
    휑하니
        문을 젖히고 콧바람
        쏘이러
            바바리 걸치고 무작정
            걷는다

하늘 보며 시냇물 소리에
맑은 정신이
        뇌를 흔들어 양털구름에
        초점을 맞추고
            뭉쳐있어 흩어질 것 같지만
            청정한 기운에
                처음처럼 가지런히 자태를
                품은 체 뭉게뭉게

                한껏 뽐내며 양털을 나부 낀다

강남 갔던 제비도 집 지으려고

경춘선 숲길은 봄맞이
준비에 바쁘다

강남 갔던 제비도 집 지으려고
우듬지에서
가는 가지 꺾어
밑으로 내던져 집 지을 재목마련에
혼신을 다 하네

단단한 흙 돋우고 언 땅 뒤집어
흙덩이 풀어주며
마른 나뭇잎을 모아서
따사한 보금자리 마련하느라고
분주하게 오가며
진흙과 섞은 짚을 물어오네

바람불어 날릴까

꽃은 꽃이로되
그 가치는
보는 이의 느낌에 따라
천차만별이다

색상도
빛의 방향에 따라
촬영하는 각도에 따라
기술은 신기하다

찬찬히 들여다보면
암술과 수술이
곱게 짝 맞추어 나비와 벌을
기다리고

기척 없이 나타나 생 화분을
문질러 엿보던 꽃잎에
바람불어 날릴까

햇살은 쨍한데 나비는 안 오고
관객만 바람에 인향을
날리며 푸르름을 부르는
소리가 들린다

천 가방 둘러메고

달콤한
오렌지 하나
고르고 나니
    저쪽에 낯익은 이
       성큼 달려와
          한 알 집어 껍질 벗기며
            오렌지 향 피우고

즙이 입술사이로 흐르면
    손으로 쓰윽 닦아
       손등에 문지르고 냉큼
          한입 아작아작 거리며

청아한 날에 천 가방 둘러메고
    철길을 따라가는
       하이킹 족들은 머플러를
          바람에 휘날리며

다리 번쩍 들어 운동화 뒤축 밟고
　　부릉 시동 걸고 나르듯이
　　　　등짝에 흐르는 땀 날리며
　　　　　　더 멋진 미래에 꿈을 함께-

꽃봉오리에서 비너스로

목련꽃은 하루가 멀다 하고
꽃봉오리에서 비너스로
탈바꿈 하지요

계절에 맞게 꽃은 변하여
시민에게 환한 생기를
불어 넣어요

목련은 뽀얗게 피는데 올해는
어쩐 일인지 노랗게 보여
안경을 쓰고 자세히 보아도
노란 달덩이 같지요

원예품종이 개량되어 관상용으로
꽃봉오리가 튤립모양으로 벌어져
레몬크림 향기를 풍겨요

하늘도 숲속에도 초목들도
파랗게 생명을 지니고 있는
상록수를 아는 사람이여

아버지와 아들은 닮은꼴이네

어느 덧 성장한 아들을
볼 때 어찌도 그리
닮았는지
미운 짓 까지도 꼭 닮아
눈총주며 닥 달해
보아도
옷이나 신발도 한번 신으면
구멍 나고 헤져야
직성이 풀리는지
고구마가 나와도
이리저리 돌려 신으며
말없이 편하다고 즐겨요
신발장에 운동화도 빳빳한
뒤축이 흐느적거려 주름이
잡혀도 좋다
절약이 몸에 밴 부자지간이라
말로는 도저히 감당이 못 돼
매듭은 딸의 몫이 되지요

묵직한 가방 속엔

묵직한 가방 속엔
사랑과 고통과 노동이
함께 숨쉬기를 하지요

키 재기를 하듯이
앞서거니 뒤서거니 하며
쫑알거리며 등짝이
들썩 거리죠

날씨가 바람만 불어도 가방이
서늘해져 가슴을 움츠려
끈을 당겨 보지요

끄덕끄덕 버티다 버럭 소리
지르며 등짝이 안겨 올 때는
너와 내가 설 곳은 여기라는 듯
살며시 팔을 문질러 달래보죠

머슴인 가방은 앙탈을 부려 보지만
너와 나는 친구지간이야

제4부

한 가닥 지혜가 있다면

몸매를 돋보이며

속살이 어쭙잖게
출렁거려
햇살에 속마음 들킨 냥
두근대며
흐르는 물살에 붕어가
헤엄쳐
방향을 거꾸로 잡으면
황새가 옳거니
먹거리가 왔네

긴 부리로 낚아채
바위에 앉아 붕어를 물고는
새끼들에게 손짓 한다

어린 새끼가 홀로 서기란 쉬운
일이 아닐 터인데
한쪽다리 접어 날씬한 몸매
돋보이며
산수구경하며 한가하게 흐르는
냇물에 시 한 수 띄워
늘어진 버드나무에 새끼를 보네

꽃 잔디에 안부 물어

맑음이 밝음을 응원할 때
구름은 바람을 몰고 와
한바탕 소나기를
퍼 붓는다

한창 예쁘게 피어난 꽃 잔디는
촉촉이 비에 젖어 축
처지고야 말지만
다시금 쨍한 햇살에 빛나기를
고대 한다
철길 따라 핀 잔디는 수긍하는 듯
꽃 잔디에 안부 물으면

나비가 와서 날개 덮어주며
쉬었다 오라고 귀 띔 하니
안녕하며 날개 펴네

은하수에 맘을 풀어보죠

화가 나도
머리가 지끈거려도
걷다보면
언제 그런 일이
있었냐는 듯
개운해 진다

사람의 마음이
참 변덕스러운 건지
움직이다 보면
하나의 검불처럼
바람에 스쳐 청량해 지고

문제가 생기면은
엉거주춤 앉아서
밤하늘 별자리를
손으로 짚으며
푸른 하늘에 박혀있는
은하수에 맘을 풀어보죠

쇼팽의 녹턴 #20을 들으며

지하계단에는 조화가 만발해
오르는 이 내리는 이
기웃대며 두런두런
속살대고

컴컴한 S계단은 곡선으로
부드럽게 불빛을 어스름히
밝혀 은은한 분위기를
돋구어 주고

우산 속에 옷깃을 여미며
연신 열고 닫는 청춘들이
몰려 비를 피하며 한 잔의
커피로 몸을 녹이며

창가에 놓인 화분에
똑똑 떨어져 내리는 풍경에
달빛속의 왈츠가 환상적으로
고독과 슬픔이 찬 감상적인 곡이다

슬그머니 햇살에 밀려

걷다가 보면 다리품을
잊은 양 살며시 미소
띄워 보지요

주위에 누가 없나 야생화가
싸라기눈에 혹시나
고개 떨구지는 않나

우산에 깃 대봉을 꼬옥 잡고
자세를 낮추며
돋보기 쓰고 가만히 본다

싸라기눈은 소나기같이
휘몰아치더니
슬그머니 햇살에 밀려
따사로운 햇빛에
그만 녹아버린다

야자수 덮개에 구멍이 생겨
들꽃은 촉촉이 젖어들어
아기 걸음에 속살거리는
제비꽃은 보랏빛 편지만
만지작대며 그리움을 담 네요

교문은 쇠사슬로 묶어 놓고

　인왕산을 보고 있노라면, 어렸을 적 먹 감고, 아카시아 따서 소꿉놀이 하던
　때가 그리워집니다. 조병화시인은 미동초등 졸업, 사촌동생은 매동초등 졸업, 나는 수송초등을 나 왔다. 초등학교 다닐 때는 그리 멀 지가 않았는데 어려서 모르고 다녔나 보다. 성년이 되어 살던 고향이, 어찌 변 했나 궁금하여 뒤돌아보니 예전의 모습이 그리 변하지 않았네. 교문은 자물쇠로 잠 궈 놓고, 교정을 보려면 교무실에 가서 도장을 받아와야 볼 수 있다고 한다. 외부인은 출입금지라며 비스듬히 쳐다보고는, 철문을 닫는데 학생은 줄어들어, 1학년은 2학급 밖에 없다하네. 예전에는 모르고 무작정 뛰놀던 안마당 같았는데 지금은 감시가 철저해 추억은 사라지고 높게 솟은 만장봉을 무심히 바라보네. 모진 세월을 견디어 낸, 초등생이 왔는데도 초로의 학생은 말없이 발길을 돌려 쓸쓸히 걸어가야만 하는 심정이 스산하다.

태 강릉에 오르는 길목에 서서

민들레의 희고 뽀얗게 핀
꽃이 보고 싶어
태 강릉에 정문을 지나며
우측으로 눈을 크게 뜨고
두리번거려 보네

전에도 할미꽃을 한해살이로
관찰 한 적이 있다

땅은 무르고 촉촉하여
비스듬한 언덕길을 오르면
땅강아지가 슬슬 길을 안내해
따라가다 보면
흰 민들레가 보란 듯이
천사 처럼 환하게 어서 오라고

반가워서 한 컷 한 컷 누르다 보면
동심의 세계는 어느 덧 가고
동행한 벗들은 얼른 오라고
눈짓 하네

햇살 보고 싶다 마음속 빌어

공원 입구에서
출발하는 문인의 표정이
수국의 화려한 모습에
가랑비 맞으며 싱싱하게
구름 가고 햇살 비추라며
흥겹게 민요가락 부르니
먹구름 밀며 슬며시 떠가요

고요가 깃든 도로엔
촉촉이 내리는 봄비에
색색의 우산에 꽃이 피고
실내의 음악소리에
어깨춤 덩실거리며
화기애애한 분위기네

여행이란 길손이 되어
하루살이의 기행에
생기가 넘치고
활기가 차서
세상사 모두 잊어버려요

참 잘 살았군요

참 잘 살았군요

괴뢰군의 침략으로 홀로 되신
칠 척 거구의
할머니께서는
아버지를 유복자로 낳고
참기름 장사로
동경제대 보내시고
어린손자손녀를 손수 키우시고
이화여전 나온 엄마와 화동을
앞세우고서
신식 결혼식을 올린 아버지는
순간의 인생을 보내며
어지러운 세상을

참 잘 살았군요

한 가닥 지혜가 있다면

사람에 따라 사는 방법도
갖가지
사람에 따라 즐기는 방법도
가지가지
시대에 맞게 행동하는 우리의
삶에서
한 가닥 지혜가 있다면 후손에
대한 기대가
굳건한 믿음만이 보람되듯이
가슴에
한 오라기 실만이 진실 되게 다가와
내 감정을
내가 느끼고, 지켜야 내 주변의 환경도
지킬 수 있다네

미스 킴 라일락을 아시 나요

좁쌀 같은 크기의 작은 봉오리가 잔뜩
가지에 매달려

연보라색에서 흰색으로 탈바꿈하면
향기가 진동하여, 킁킁

가던 길 멈추고 돌아보곤 하지요

이름은 서울인데
꽃은 타국 원예종이라
서글퍼지는 라일락은
고향 찾아 만 리 길을
마다 않고 찾아와
눈빛으로 우리의
숲길을 물들이며
쓸쓸히 반겨 주지요

무명의 꽃들에 이름을

의제가 풍성한 자연 속에
펜대 입에 물고는
숲에 핀 화초를 음미하며
풍경에 흠뻑 젖어
이름을 불러 보네

너도 나도 고개 들어 보지만 무명의
꽃들은 제 이름이 아니라고
이슬이 맺히며

하나의 꽃이 여물어 가면은
잎이 나고 봉오리 맺혀
꽃이 피면 열매 열어
조상님의 첫 시식감이다

천도는 덩그마니 달덩이 되지만
조상님의 제사상엔 얼굴도 못 내밀고
할미 할배들에 차지해도
복숭아는 싫은 기색 없이
달콤함을 가족에게 안겨 주지요

봇물이 되어 흐른다

조금씩 자주
채우고 비워 보자
행인도 걸인도
앉아서 받는 이 보다
서서 두 손으로 공손히
삶의 뒤안길에
슬픔보단 기쁨이
아픔보단 건강이
봇물이 되어 흐른다
샘도 자주 퍼내야
맑은 물 되듯이
우리 인생도 돌고 돌아가
반환점을 돌다보면
인생살이도 굽이쳐
굴곡 없이 성낸 파도를
길 들일 수 있어 복이 온다

채만식 기념관을 둘러보며

임피역에서 채만식 기념관을
둘러보고 자리를 뜨는데
서해바닷물과 금강의 만나는 지점에
'탁류'내용을 접하고 있다는 얘기는
가슴을 뭉클하게 적시며 다가든다

백릉이란 연못에 마름이 둥둥
떠다니다 말라서 생긴 호이다
200여 편의 소설을 쓰고
40대에 생을 마감한 작가의
집필의욕은 대단하다

식민지시대의 가난은 면치 못하고
식솔들의 의식주는 궁핍하다보니
교사에서 기자로 작가로 삶을
살다 떠나간 백릉의 소원은
책상에 원고지를 잔뜩 싸 놓고
글 좀 써보는 것이 소원이라 하는 군요

뜨락의 따사로운 봄볕을 쬐며

나른한 몸도 뜨락에 핀
야생화 보고는 깜짝 놀라
어찌나 많은 자손이 뭉쳐
함초롬히 자태를 부풀려
뽐내는지 그저 감탄해
향기에 취하지요

알록제비꽃, 통꽃둥굴레 꽃들도
살며시 피었다지면 뜨락은
한층 향에 깊숙이 젖어 들어
땅강아지나 개미는 쿵쿵거리며
풀잎사이로 먹이 물고 팍팍
흙을 파 덮곤 하지요

꽃마차에 실린 여러 잡풀들도
천막에 푹 덮어 서늘한 곳에
힘들었던 휴식을 취하려고
나직나직 주거지 찾아 가네요

우리의 토종인 꽃들아

바람이 분다
실바람이 옷 속에
슬며시 허연 피부를 태우며
캡을 눌러쓰고 걸어서 가요

공원에는 이름 모를
꽃들이 일열 종대로
향내 피우며 손짓 하지요

앉았다 가라고
돌아가는 세상얘기도 들려주고
꽃 이름도 불러주고
꽃 내음에도 취해보고
꽃밭의 꽃들과
손에 손잡으며 달밤에
님 보며 강강술래도 돌고
동양인의 품격을
서양인의 품격을
기르며 우리의 토종인 꽃을
앉은뱅이 채송화
키다리 해바라기라고
함께 불러보자

넉넉한 미소를 띠는 일이네요

"날마다 새들아" 하며
뛰어다니고
고무풍선 불어 서로
터트리며
웃던 시절이 지나갔네요

동심은 즐겁고
동심은 걱정 없고
동심은 먹거리 생각 없이

그냥 부모의 말씀 잘 듣고
그냥 배움을 잘 익혀서
그냥 탈 없이 건강하여

부모의 힘든 여정을 조금이나마 삭혀
재롱을 부려 구부러진 주름을 펴는
넉넉한 미소를 띠는 일이네요

아리아 뷔페의 아리따운 여인

푸른색의 기품 있는 옷자락이
의자에 사뿐히 내려 깔려 눈부시다
식탁에 고색창연한 접시가
음식과 함께 눈부시게
한아름 담겨 있다
여럿이 아닌 나 홀로 포크를
놀리며 은빛 쟁반에
나풀나풀 거려
연두색의 유리그릇에 딸기빙수가
날렵하게 갈아타고 있어
손님의 손길을 받는다
희고 하얀 손이 조그만 숟가락으로
한입 베어 물며 "아! 맛있다!"
탄성을 내지르지만 조용히 오물대며
실내의 분위기를 뽐내며
분주하게 다니는 객들의 합창에
아무 내색 없이 자신이 가져온 식기에
호감을 느끼며 자존으로 창밖에
빗소리에 장단 맞추며 한 끼를
만끽 하는구나

개미가족 따라

발걸음을 한 걸음 한걸음 떼어놓다
개미 곁에 과자나 빵조각이
뵈면 뒤돌아 신호를 보내
첫째 둘째가 쪼르르 한
짐씩 등에 메고 오던
길 되돌아 등짐을
집으로 하나 둘
옮기어 간다

발자국마다 나뭇잎으로 덮혀
개미의 흔적이 남아 절로
연계되어 거 들다 보면
양식은 금방 실려서 해는
기울어 저녁노을 지고
붉은색으로 물들 때
개미가족은 겨울도
따사함을 느끼죠

영화 "뉴욕의 거장들"을 감상하고

오랜만에 영화 한편 보러 가자는
마을 봉사자가 이끌어 몇 명과
어울려 비는 나리는 데
빗 사이로 조곤조곤 속삭이며
예술회관에 들어서며 문화를 보네

얼마 전에 새로 내부를 수리한 회관은
산뜻하고 라운지가 훤하다

"뉴욕의 거장들"이란 미국잭슨 폴록의
추상표현주의 작품 도슨트다
액션페인팅이란 바닥에 물감을
들이 붓고 커다란 붓으로 나름대로의
재주를 부려 한편의 추상화를 그려 본다
제2차 세계대전 이후로 새로운 황금기를
맞는 화가들의 다양한 작품을 볼 수 있다

대전 후 메마른 사람들이 감정을
쓰다듬는 화가들의 열정은 헛간에서
종이 없는 시멘트 바닥에 땀 흘려
거칠어진 전쟁후의 감성들을
정서적으로 안정시키고 나라도
진흙더미에서 풍성한 자연환경을
만들려는 예술인들의 혼이 엿 보인다

삼색 거짓말

파란 거짓말
하얀 거짓말
빨간 거짓말이란 얘기를
항상 들려주시던 은사님!

   계절이 지나면 잊혀 질까
   하지만 새록새록 생각나는
   선생님의 달착지근한 한마디는
   언제나 가슴 한쪽에 남아있어요

      파란 거짓말은 착한 거짓말
      하얀 거짓말은 약간씩 나쁜 거짓말
      빨간 거짓말은 아주 나쁜 거짓말이다

      라고 항상 담뱃대 물고 잔 주름진 얼굴에
      검고 찌그러진 살점이 하나도 없는
      야윈 모습이지만 눈동자만은 빛이 나지요

      학생들은 쭈뼛쭈뼛 두려움 반
      인자한 마음 반을 보며 즐겁기만 했던
      여고시절이 아지랑이처럼 방울방울 져요

아! 그럽고, 보고 싶은 6공주 은사님!

따사로운 빛에 기대어

숲길에 허름한 찻집이 자리해
객이 지나 치려면
나비가 팔랑 댄다

들러보고 싶지만
시침 뚝 떼고 홀랑
스쳐 가버린다

사연 따라 라벤더 향 따라
긴 의자 밑에 잡초가 잔뜩
자리하고 있어도
흘끗 쳐다보고 가던 길 따라
따사로운 빛에 기대어
얼굴을 내 맡겨 놓으며

따가 우면 모자 찾아 가리고
돌에 걸리면
운동화 코끝으로
한바탕 돌려 차며 튀어 오르는
돌멩이를 다시 차서 훌쩍
넘겨보니 숲길은 끝나 버려요

작은 꽃도 꽃이다

꽃이 작다고 흉보지 마라
크다고 다 예쁘지만은
않으니 눈 흘기지 말고
고르게 볼 지어다
사람도 크고 작고하지
않은가
어려서 부모의 사랑으로
굶주림 없이 뱃속을 채우면
이웃도 사랑하고
내 가족도 챙기고
사회의 돌봄에도 손이가
내 몫 네 몫 할 것 없이
타인을 배려할 줄 아는 것이
지금 얼마나 좋은가
살다보니 기쁠 때도 있고
살다보니 슬플 때도 있지 아니 한가

우산 하나를 챙겨 놓으며

날씨가 우중충하니
기분도 우울하다

먼 산을 보니 검은 구름이
덮여 금방이라도 비가
쏟아질 것 같아 조그만
우산 하나를 챙기며

개인사후를 보다가
지인을 만나 대화를 나누는데
비가 한 방울 두 방울 내려서

얼른 가방 속에 우산을 펼치니
지아비는 모자 쓰고 달리고

곁에서 눈 흘기며 치어다보니
현관에 챙겨 놨는데 그냥
어슬렁거리며 나온 모양이다

'속으로 쌤통이다, 히히'
동행하던 친구는 '야 이 가시 나야' 하며
피식 웃지만 난 얄밉기만 하다

나이만 먹었지 행동은 느려지고
사고력도 떨어져 뽀로통 해 진다

교목인 이팝나무

가로수가 은행나무에서
이팝나무로 바뀌니
마을이나 동네가 온통
흰색 꽃이 쌀밥처럼 보여요

교목인 이팝나무와 달리
관목인 조팝나무는
목본식물로 밑동에 잔가지가
많이 자라서 정원수로 좋아요

관광을 가다보면 창밖의 풍경에
보이는 꽃을 보면 이름을
부를라 치면 모르는 나무가 더 많죠

대충 맞추면 좋은데 박사가 많아서
오답이 나오면 웃음이 넘쳐요

이팝나무니 조팝나무니 이구동성으로
한마디씩 하다보면 목적지에
도착해 출출한 배 채우기가 바빠요

오답도 좋으니 즐기며 살자 구요

제5부

쌍화차 한잔의 미소

훈풍은 살갗을 어루만져요

미세먼지쉼터라는 곳을
기웃거리다 들어가
커피를 들지요
"천년의 질문"이란 책에
코 빠져 쭈욱 내리 읽는데
등짝이 들썩거려 책읽기를
끝내고 잔을 반납하고 나오는데
손끝이 시리게 빼앗듯이 잔을
가져가는 여인의 태가 밉상이다
석연치 않은 마음으로 길가에
제비꽃을 보며 히죽이 웃지요

책은 보라고 비치돼 있고
차는 마시라고 있는데 왜 그러지?
물음표를 달고 걷는데
보드라운 훈풍은
내 마음을 아는 듯
살갗을 어루만져요

장미향을 피워 엽서라도

사소한 일로 마음 상해
우울할 적마다
길가에 장미넝쿨을 보며
환한 미소로 응답 한다
한철 피었다가
지는 장미도
가시로 찔려서 다시
송알송알 피어나
함박웃음 띠며
우울한 기분을
놓지 못하는 관객들에게
홀연히 사라지는 순간마다
장미향을 피워 엽서라도
한 장 보내 위안을 삼으라며
애타게 치어다보는
흰 구름 덩실 파란 잔디에
크로바가 한아름 안겨 오지요

몬슨 기후의 인도커피

아이들이 속속 도착하여
축제장으로 향 한다
비가 올 듯하더니
햇살이 행사를 돕는 듯
주민들의 모습이
하나 둘 가족이 나타나자
무대에서 가수가 리듬을
타기 시작 하더니
의자가 들썩거려
엉덩이춤이 덩실 댄다

콜롬비아, 페루는 그 나라 특산품을
드립포트로 고리가 긴 주전자에
가운은 벗고 왼손은 뒤로
오른손은 앞으로 바리스타의
폼을 한껏 부리며 한국어로
훤하니 오감의 후각들이
발동하여 몬슨 기후인
인도커피에 매료되어
마른 입맛을 달래며
한 모금 맛을 보고야 마네

원두에 따라 달라지는 기분은 상상 이상이다
작은 봉지 하나 들고 광장으로 향 한다

빽 다방 커피는 오백 원이다 아니다

날이 더운데
두꺼운 바지만
있는데 어쩌나 방에서
서성이는데 복도 끝 쪽에 사는
아줌마가 "왜? 그래" 하며
사연을 물어서 얼른 문 열고
대답하니 별걱정 다한다며
"갭 쓰고 나와 역에 발 디디니
에스컬레이터가 수리중이라고
돌아가라며, 빙 돌아 3구역에서
전철에 오르니 목이 마르다

빽다방 간판을 보고 동전 오백 원을
준비해주니 내일 부터란다

줄이 길게 늘어선 이유는 뭘까?
쾌활하게 받아치는 청년의
기개는 죽어도 좋다는 '끝장을
보자'는 배짱에 오히려 굳은 것은
상대방의 목맨 함성이다

수선 집에 바지 맡기고 오는데 커피가
자꾸 생각나는데 '믹스는 어때?'
묻는데 '아니오' 퉁명스럽게 내 뱉으며
그냥 걸어보니 그것도 괜찮더라

쌍화차 한잔의 미소

반가운 생각에 책장을
넘기며 그분을 기다린다
언제 보았던가 보긴
봤는데 통 모르겠다
어디서 보았을까
갸우뚱 하는데 아차!
숭례문에서 잔디를
발로 쓸며 돌부리에
운동화코를 부딪쳤을 때다

쿵쿵 뛰며 얼굴에 홍조를
보이며 찌그리고 벗어던진
신발 한 짝이 저만큼 떨어진 것을
주워 다 주워 쑥 쓰러움이 번질 때다

장난도 심하면 다친다는 얘기에
겸연쩍어 구르마끄는 아줌마에게
쌍화차 한잔 주문해 마시던
친절한 그분 아닌 가 다시 보니
미소 띤 모습이 곱기도 하옵니다

오피스텔로 독립하는 아이

아이들이 머리가 크면 오피스텔로
독립하여 자아 찾아 나가네
2~3년만 지나도 어떻게
살고 있는지 감이
잡히지 않지만
아이의 성장은 눈부시게 발전하고
디지털시대에 맞게 진일보해
외모도 자신의 위치에
맞게 예의범절도
깍듯하다
말소리도 굵은 톤으로 변해 대한의
동량 역할을 깔끔히 해내며
부모 앞에서는 응석도
심통도 부리던
애는 아니다
그냥 흐뭇하고 늠름한 청년으로
변한 아이의 모습은 걱정은
금물이라는 듯 젊음을
믿으라는 무언의
벅찬 감정은 마구 뛰어요

영월은 변하고 있다

검은 광산의 모습은
청량한 녹색의
변천이다
산안개에 젖은 가을향기가
촉촉이 적셔주는
영월은 명품이다
십구공탄은 광부들의
돼지삼겹살의
상징이다
시커먼 먼지는 육신의
곳곳에 묻어 안광만이
번뜩인다
깊은 탄광의 삶의 터전은
가족이란 생명의
직장이다
힘들고 고달프고 지치고
메말라도 하루 삯을
버는 일 터이다
연탄불을 때고 온돌방에 기대어
앉으면 육신의 편안한 맘은
내일의 원동력을 안겨 주네

영월에는 어수리 나물이 있지요

장릉 입구에 쭉 늘어선
어수리 밥집에 단체
관광이 붐벼요
어수리 현미 누룽지와
영월의 동강 막걸리
더덕구이
불고기 전골
찐 밤고구마들이
손님 마중을 기쁘게 하지요
쵀불암도 영월동강 막걸리에
흥에 겨워 단종이 즐기던
어수리 나물도 먹고요
자연 그대로의 잣도 한 주먹 맛보는데
잣나무의 향에 입맛이 얼얼해요
어수리 나물 맛에 뚝배기된장찌개에
튀김이 잔뜩 담아져 한 젓가락
입에 넣으니 쌉싸래한 맛이
임금님이 즐겨 드시던 음식이란
생각에 속울음이 나 서글퍼져요

단종과 정순왕후에 정답게 손잡는
어린 모습은 단종애사네요

단종의 애절한 역사를 품은 청령포

시절이 하 수상할 때는 맑고 시원한
소나무 숲으로 한적하게 머리를 식히려
배낭 둘러메고 떠나요

사회적 문제가 발생한다면 기꺼이
한 몫이 돼 신문구독이 금상첨화다
앉아서 세계를 두루 살피며
신문에 글씨를 톡톡 찍는다면
분연히 피부에 와 닿는
한조각의 글씨가 씨앗이
되어 족적을 남겨요

비단에 글을 한줄 휘갈길 때
단종에 대한 충성도는
법을 깨고 고결한 서강의
핏방울을 보여요

뺏는 쪽보다 지키는 쪽이 더없이
힘들어도 좋아요
법은 바르게 형성되어 누구에게나
눈물 없이 지켜야 하며
단종의 신하들이 표본으로 엎드려
삼배하고 곡을 삼켜요

문학인의 심포지엄

제목이 거창하다
석탄이 먼저 떠올라
거리도 공원도 너와집도
새까맣게 탄재같이
검게만 생각되고
하지 못해 꽃도 연탄재에
묻혀 검다는 생각이 들었는데
꽃은 붉고 나무는 푸르고
하늘은 맑고 굵은 소나기다
흙덩이는 붉어 봉선화도 빨갛게
물들여 움직일 때마다
풀 향내가 코에 젖어 뭉근하다
여울은 콸콸 흘러 다슬기 탕에
코 빠뜨려 명란젓, 마늘장아찌 묻힘이
하루 묵어 지쳐버린 여행객을
두 손으로 온도 높여 따사하다
미래엔 텅스텐도 주가를
올린다고 하니 영월의 발전은
탈북민의 소망사항이다

스위트 홈

어쩌다 말로만 듣던
리조트 동강 시스타
귀빈실에 묵어보니
기분이 산뜻하다
샤워 실이 곁에 있고
널찍한 탕이 있고
깨끗한 흰 가운이 있고
보이차가 준비돼 있다
창문을 여니 백운산 안개가
무지개 속으로 담뿍 담겨와
화폭에 담으니 도원경이
내 마음을 흥분 시킨다
여행의 참맛을 느끼는
순간에 함정에 빠져
허위적 대다 달과 별의
윤동주가 눈 속으로 들어와
젊음의 청춘을 바친 시구가
말없이 무겁게 발걸음을 내 딛네